# En vacances avec

une aventure estivale de Jérémie et Amandine Letarte

Texte : Luc Durocher • Illustrations : Paul Roux

À mes trois illustrateurs et amis :
Philippe Germain, Bruno St-Aubin et
spécialement Paul Roux pour
ses interventions en cours de route
lors de l'écriture de cet album.
**Luc**

À José
**Paul**

Le raton laveur

**Catalogage avant publication de Bibliothèque et Archives Canada**

Durocher, Luc, 1954-

En vacances avec maman

(Le raton laveur)
Pour enfants de 3 à 8 ans.

ISBN 2-89579-074-4

I. Roux, Paul, 1959- . II. Titre. III. Collection: Raton laveur (Bayard (Firme)).

PS8557.U76E52 2006 jC843'.6 C2005-942184-3
PS9557.U76E52 2006

Nous reconnaissons l'aide financière du gouvernement du Canada par l'entremise du Programme d'aide au développement de l'industrie de l'édition (PADIÉ) pour nos activités d'édition.

Conseil des Arts du Canada Canada Council for the Arts

Bayard Canada Livres Inc. remercie le Conseil des Arts du Canada du soutien accordé à son programme d'édition dans le cadre du Programme des subventions globales aux éditeurs.
Cet ouvrage a été publié avec le soutien de la SODEC.
Gouvernement du Québec – Programme de crédit d'impôt pour l'édition de livres – Gestion SODEC.

ISBN-10 2-89579-074-4
ISBN-13 978-2-89579-074-7

Dépôt légal – 1er trimestre 2006
Bibliothèque nationale du Québec
Bibliothèque nationale du Canada

Direction : Paule Brière
Graphisme : Mathilde Hébert
Révision : Marie Théorêt


4475, rue Frontenac, Montréal (Québec), Canada H2H 2S2
Téléphone : (514) 844-2111 ou 1 866 844-2111
Télécopieur : (514) 278-3030
Courriel : edition@bayard-inc.com

Imprimé au Canada

CATASTROPHE!

Cet été, Papa ne peut pas venir en vacances avec nous à cause de son travail.

J'ignore si c'est une bonne idée, mais maman a décidé de me faire découvrir ses talents de nouvelle conductrice. « Si tu veux passer des vacances inoubliables, dit-elle, tu n'as qu'à bien te conduire. »

Papa lui conseille de prendre des cartes pour s'y retrouver. Je précise que des cartes routières lui seraient bien plus utiles pour ne pas perdre le nord...

TU ES UN AS, MON FILS!
L'ALASKA
LE CHILI À VÉLO
PAUL ROUX 2005

Gonflés à bloc, nous portons les bagages dans la voiture. Mais notre moral tombe à plat dès que nous voyons le pneu dégonflé. Nous poussons la voiture jusqu'au garage le plus près. Maman met tellement d'air dans le pneu qu'il finit par exploser. Moi, j'éclate de rire !

Nous avons pu souffler un peu pendant que le garagiste réparait les dégâts.
HÉ!HÉ! $100!
G9COU
BAM!
PAUL ROUX 2005

MAIS...MAIS...
ON RECULE!
GE
DESMARAIS-LECHARD
PAUL ROUX 2005

Ma mère démarre en... marche arrière ! Le derrière de l'auto se retrouve dans les fleurs de la plate-bande. C'est le bouquet ! Le garagiste nous fait une fleur en nous sortant de là pour seulement 100 $. On peut alors dire adieu à la visite du jardin botanique de Champfleury. À présent, je comprends pourquoi beaucoup de gens entrent dans l'auto de maman à reculons !

Nous ne sommes pas vraiment aux oiseaux quand les oiseaux nous font plein de cadeaux sur le pare-brise. Pour y voir clair, maman décide de le nettoyer. Elle me demande de lui passer le liquide. Quand elle actionne les essuie-glaces, une pluie rouge inonde le pare-brise. J'essuie une véritable pluie de reproches pour avoir confondu le bidon de liquide lave-glace avec mon gros pot de jus.

PAUL ROUX 2005

DANGER CHUTES D'ARBRES
ATTENTION AUX OURS
PASSAGE À MOUFETTES
ATTENTION! CHUTES DE PIERRES
VIRAGE DANGEREUX
G3NÉ
LA VOITURE A SOIF!

Une fois le pare-brise nettoyé, nous repartons. Nous roulons quelques minutes et la voiture s'arrête d'elle-même. Maman a oublié l'essentiel : l'essence ! Avant que j'aie le temps de faire un commentaire, elle me dit que j'ai intérêt à filer droit… tout droit au garage pour remplir des bidons d'essence. Il n'y a pas de quoi se bidonner.

Nous revoilà sur la route. Bientôt, ma mère freine brusquement. Elle a un doute devant un panneau de signalisation. Est-ce que la route est réservée aux personnes de 60 à 100 ans ? Ou alors aux véhicules transportant de 60 à 100 passagers ? Parfois, la naïveté de ma mère n'a vraiment pas de limites.

PAUL ROUX 2005
60
100
ÇA VEUT PEUT-ÊTRE DIRE QU'IL FAUT ATTENDRE DE 60 À 100 MINUTES AVANT DE REPARTIR.
TU... TU CROIS ?

Après de nombreux détours,
nous revoilà prêts pour l'aventure.
Mais nous ressentons des picotements
désagréables aux jambes.
De vraies fourmis nous grimpent
sur les mollets ! Ça nous fait une
belle jambe ! Et ça fait perdre les pédales
à ma mère quand son talon aiguille se
coince par malheur sur l'accélérateur.
Ça ne m'emballe pas du tout que la voiture
s'emballe... Sa conductrice n'a plus
aucun contrôle.

GRRRR! JE N'AURAIS JAMAIS DÛ CHANGER DE CHAUSSURES TOUT À L'HEURE. CE TALON ME CASSE LES PIEDS!
MA MÈRE CONDUIT VRAIMENT COMME UN...

Après toutes ces mésaventures, nous sommes épuisés. Il fait de plus en plus chaud dans l'auto. Pour nous rafraîchir, ma mère décide de régler la climatisation au maximum. Mais le système se dérègle et, à l'intérieur de la voiture, les objets volent dans tous les sens. Maman n'aime pas mon air moqueur quand je lui dis que nous sommes dans une véritable chambre à air.

J'ai dû promettre de n'en souffler mot à personne.

chutes
de
O'POULAY
LÀ-BAS
LÀ
ICI
PAR LÀ
PAUL

Même si maman n'arrive pas à fermer la climatisation. Elle décide de sortir une carte du coffre à gants pour retrouver son chemin le plus vite possible. Mais avec tout cet air, elle perd vraiment la carte. Maman dit que ce n'est pas bien grave, car elle peut facilement s'orienter. Elle décide alors d'emprunter plusieurs routes sur lesquelles nous filons comme le vent. Nous sommes un peu déboussolés quand nous constatons le résultat...

!?!...
!
!
Après tous ces détours, nous nous retrouvons exactement devant... notre propre maison !!!
JE ME SUIS FAIT ROULER! CE SONT LES VACANCES LES PLUS COURTES DE MA VIE!
FIN
(DES VACANCES!)